एक खुला दरीचा

OrangeBooks Publication

1st Floor, Rajhans Arcade, Mall Road, Kohka, Bhilai, Chhattisgarh 490020

Website: **www.orangebooks.in**

© Copyright, 2023, Author

All rights reserved. No part of this book may be reproduced, stored in a retrieval system, or transmitted, in any form by any means, electronic, mechanical, magnetic, optical, chemical, manual, photocopying, recording or otherwise, without the prior written consent of its writer.

First Edition, 2023

एक खुला दरीचा

मिश्रा बी डी

OrangeBooks Publication
www.orangebooks.in

स्नेह एवं आभार

जीवन आपको कब और कितने रूप में साक्षात्कार दे, कोई नहीं कह सकता । कोरोना काल में जिस तरह जीवन को मैंने देखा और जिया उसी को अपनी कलम के माध्यम से कागज़ पर उतारने का यह एक प्रयत्न है । इस प्रयत्न में मैंने मोहल्ले की जीवन शैली में कोरोना काल में आए उतार चढ़ाव को उकेरने का प्रयास किया है । कुछ खुली हुई खिड़कियों से ज़िन्दगी जैसे नज़र आयी, उसे, उसी तरह यहाँ चित्रित किया है और समेटा है।

जीवन की विवशताएँ और राजनीति के दोहरे चरित्र को उजागर करने के इस प्रयत्न में अनेकों शुभचिंतकों का साथ समय - समय पर मिलता रहा है जिनमें प्रमुख हैं मेरे अंतरंग मित्र श्री मनोज रावत और उनकी छोटी बहन सपना, सहकर्मी श्रीमती संगीता वर्मा, मेरे प्रिय और अनुज श्री विपिन एवं उनका परिवार, प्रिय मित्र श्री सुनील एवं श्रीमती दीपमाला जी । इन सबका हृदय से आभार ।

अपना यह प्रयास मैं इन सब के साथ – साथ अपने परिवार को, पूजनीय बा एवं बापूजी, मेरी बेटी एवं पत्नी को समर्पित करना चाहूँगा जिनकी शुभकामनाओं, स्नेह और आशीष के बिना यह संभव नहीं था ।

आप सदैव मेरे प्रेरणा स्त्रोत रहे हैं ।

मार्च का महीना था। अमूमन हर घर में इस माह में कूलर, एयर कंडीशनर, पंखे की चर्चा ज़ोरों पर होती है। कुछ घर शादियों में व्यस्त होते हैं। बच्चों को परीक्षा में बनते बिगड़ते पर्चों की चिंता और किस्मत के धनि कुछ परिवारों में गर्मियों की छुट्टियों के लिए ट्रेन की कन्फर्म टिकट पाने की या सस्ती हवाई टिकट पाने की होड़ लगी होती है। लेकिन इस वर्ष मार्च के मन में कुछ और ही था। हर घर से एक दबी सी फुसफुसाहट सुनाई देती थी। सुबह की धुप एक अंजान सा डर लिए आँगन में आती और शाम होते - होते उसी अनजान डर के साये में गुम हो जाती। समाचार के सभी चैनल दिन रात केवल एक ही रट लगाए हुए थे। हर जुबान पर एक ही अफ़साना, हर आँख में एक ही डर, और उस डर का नाम था, कोरोना।

शहर के सभी स्कूल बंद हो चुके थे। नकाब ओढ़े चेहरों ने एक और नकाब पहन लिया था। सरकारी फ़रमान था, मास्क पहनना ज़रूरी कर दिया गया था। सभी दिशाओं से किसी बड़े तूफ़ान के आने के संकेत मिल रहे थे।

१९ मार्च २०२०, तेज़ आँधियों का पहला झोंका आ ही गया । रात आठ बजे देश के नाम सन्देश में प्रधानमंत्री ने देशवासियों से २२ मार्च २०२० को स्वैच्छिक कर्फ्यू के लिए आग्रह किया ताकि कोरोना के बढ़ते कदम को रोका जा सके । सरकारी तंत्र तुरंत सक्रिय हो गया । स्वैच्छिक कर्फ्यू को सफल बनाने के लिए अपनी पूरी पुलिसिया ताकत झोंक दी ताकि दूसरे दिन अखबार की सुर्खियाँ यह कह सके कि स्वैच्छिक कर्फ्यू को जनता ने पूरी स्वेच्छा से सफल बनाया ।

सड़कों की रफ़्तार जैसे थम सी गयी थी । बाज़ारों की रौनक और मोहल्लों की चहल पहल ख़ामोशी में समा गई थी । हर घर का दरवाज़ा एक अनजान डर से अपनों के लिए भी बंद था । केवल कुछ खुले दरीचों से ज़िन्दगी की आहट सुनाई दे जाती थी । नन्हे के घर का दरीचा भी अक़्सर खुला रहता था, जो नन्हे के घर हो रही ज़िन्दगी की उथल पुथल को बयान कर रहा था ।

नन्हा, बड़े से लड़ रहा था

कामवाली को कोसती

माँ, रसोई में बर्तन मांज रही थी

बाप सुस्ताया सा,

तख़त पे लेटा था

पड़ोस में चाचा ,

तय नही कर पा रहे थे

दुकान खोलूँ, या घर रह जाऊँ

चाची देख - देख कुढ़ रही थी

नीचे कमरे में

छोटी, एक ही गाना

सुबह से सुना रही थी

अमूमन, शांत रहनेवाले घरों के

हर खिड़की, हर दरवाज़े से

यही शोर सा आता था

मगर सड़कों की ख़ामोशी में

फिर गुम हो जाता था

हौंसला चाहे जितना

दिल मे समाया था

आँखों में

एक डर सा नुमाया था

ज़िंदगी, अपने किरदार से परीशां

एक मायूसी में समा **गई** थी

कल ही की बात है

ज़िन्दगी , कहाँ थी,

और आज कहाँ आ **गई** थी ।

मोहल्ले का ऐसा कोई घर नहीं था जो मुसीबतों से अछूता था । सबका अपना दर्द, अपनी दास्ताँ थी । सबने मगर अपनी ज़िन्दगी को मुस्कुराकर जीना सीख ही लिया था । इस बार लेकिन हर घर में एक अजीब सी ख़ामोशी, एक अनजान सा डर था । किसीने पहले इस डर को न देखा था न जिया था कोई नहीं जानता था कि इसका सामना कैसे किया जाए । जब दुश्मन समझ न आए तो लड़ना मुश्किल हो जाता है ।

और फिर वह दिन भी आ गया जब अंततः तूफ़ान ने दस्तक दे ही दी । २४ मार्च २०२०, रात देश के नाम प्रसारित सन्देश में प्रधानमंत्री ने २१ दिनों का संपूर्ण लॉक डाउन घोषित कर दिया । यह तय कर दिया गया कि सारा देश अपने घरों में २५ मार्च २०१९ से लेकर १४ अप्रैल २०१९ तक कैद होकर रहेगा । हर ओर दहशत का माहौल था । समाचार चैनलों ने आग में घी का काम किया । इंसान को इंसान से इतना डरा दिया गया था कि अपने ही हाथों से अपने ही कांधों को डर लगने लगा था । किसी भी सूरत कोई अच्छी खबर सुनने को न मिलती थी । नन्हे के घर भी यह डर एक नई चिंता लेकर आया था ।

आज नन्हा चुप था, बड़ा भी गुमसुम

छोटी को कोई गाना रास नहीं आ रहा था

माँ, आज अस्पताल से नहीं लौटी थी

बाप हमेशा की तरह तख़त पे लेटा था

आज इस मकान का शोर

चिंता में समा गया था

मकान मालिक नन्हे की माँ पर

अस्पताल न जाने का

दबाव बना गया था

मातृत्व बंधन मानता है, बंदिशें नहीं

अस्पताल जाना वह कैसे टालती

परीशां थी कि मोहल्ले को कैसे संभालती

जब नन्हे की फ़ीस नही दे पाई थी

जब बड़े की कॉलेज से नोटिस आयी थी

जब बाबा की देख भाल न हो पाई थी

और चिंता में, न ढंग से रो पाई थी

तब भी, जो इस घर को न जानता था

आज मोहल्ला इसे पहचानता था

नन्हे की माँ अस्पताल में नर्स थी ।

ज़िन्दगी जैसे किसी अनजान दिशा में जा रही थी । कोई नहीं जानता था कि कल का सूरज क्या नया समाचार लेकर उदित होगा । लेकिन एक उम्मीद भी थी कि शायद २१ दिनों बाद ज़िन्दगी पटरी पर लौट आए । दिहाड़ी मज़दूर भी अपनी जमा पूँजी को संदेह की नज़र से देख रहे थे, नहीं जानते थे कि वह कितने दिनों तक उनका साथ निभा पायेगी ।

जिनके पास कुछ नहीं था वह सरकार और आस - पड़ोस के लोगों पर आश्रित थे । हर घर की दिनचर्या उलट - पलट होकर रह गई थी नन्हे की माँ जल्दी अस्पताल जाती और देर से घर लौटती । छुटकी और बड़के पर घर की ज़िम्मेदारी आन पड़ी थी । नन्हे का बाप घर का मुखिया था, पुरुष था, वह घर के काम करने का अभ्यस्त नहीं था ।

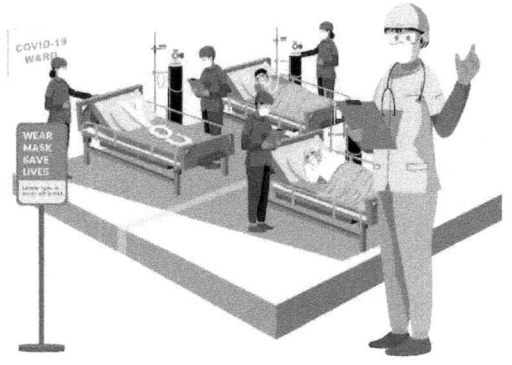

नन्हा बड़े से लड़ रहा था

छुटकी, परेशान थी

माँ ने आज फिर, सिर्फ़

सब्ज़ी बनाई थी

देर हो रही थी

माँ को अस्पताल जाना था

मजबूरी थी

बड़ा समझदार था, कहने लगा

चावल खा लूँगा

नन्हा कहाँ समझता

रोटी की ज़िद पर अड़ गया

बस, विवाद बढ़ गया

इस घर से, रोज़ यही

शोर सा आता था

मगर, पड़ोसियों की चुभती नज़र

और, सड़कों की खामोशियों में

गुम हो जाता था

हौसला चाहे जितना, दिल में समाया था
आँखों में, एक डर सा नुमाया था
ज़िन्दगी, अपने क़िरदार से परीशां
एक मायूसी में समा गई थी
अभी, कल ही की बात है,
ज़िन्दगी कहाँ थी, और आज
कहाँ आ गई थी ।

सबकी उम्मीदें टीवी स्क्रीन पर गड़ी थीं । १४ अप्रैल २०२०, आँखें उम्मीदों के साथ जुआ खेल रही थीं । एक मन कहता था कि अब सब सामान्य हो जाएगा । एक ओर वही मन यह सोचने लगता कि यदि न हुआ तो । लॉक डाउन दोबारा से ३ मई २०२० तक बढ़ा दिया गया था । नन्हा खुश था, परिवार को अपनी आँखों के सामने उसने कभी इतनी देर तक नहीं देखा था । मोहल्ले का हर घर धीरे – धीरे खुद को इस परिस्थिति के अनुकूल बनाने के प्रयत्न में लगा था मानों यह तय कर लिया था कि अब शायद यही ज़िन्दगी जीने का नया तरीका है । कुछ लोगों के लिए यही कैद बेचैनी का कारण बनते जा रही थी, तो वहीं, ये नई ज़िन्दगी नन्हे को लुभा रही थी ।

नन्हे को घर के अंदर सिमटी

ज़िन्दगी, लुभा रही थी

कितने दिनों बाद आज

माँ, कहानी सुना रही थी

छुटकी, अपने और पिता के बीच के

कम होते अंतर को नाप रही थी

पहली बार आज पिता की

ममता भाँप रही थी

बड़ा इन सबमे

अपनी जगह तलाश रहा था

किताबों के ज्ञान को

एहसासों से तराश रहा था

वक़्त की मजबूरियाँ

ज़िंदगी के फटे कपड़ों में

नए पैबंद लगा गई थी

अभी कल ही की बात है

ज़िंदगी कहाँ थी

और आज, कहाँ आ गई थी।

जीवन दुविधा में था मगर, जीने का वह तरीका सबको बता गया था जो हमारा समाज भूल चुका था । जीने की भागदौड़ में हम ज़िन्दगी से इतने दूर जा चुके थे कि ज़िन्दगी से मिलना किसी पिकनिक पर जाने जैसा हो गया था । हम सोचते हमेशा मगर कभी जा नहीं पाते थे । आज जब पास बैठने का समय आया तो सबको यह पहली बार महसूस हुआ कि सब कितने दूर थे । लॉक डाउन, जहाँ मुसीबतें लेकर आया था वहीं रिश्तों को एक नया आयाम भी दे रहा था । जीवन के इस पहलू से नन्हे का घर भी अछूता नहीं था ।

बाप नन्हे को गोद में समेटे

छोटी से बात कर रहा था

नन्हा, बाप का प्यार समेट रहा था

चुप था, मगर खुश था

और छोटी भी खिलखिला रही थी

माँ, बुद्ध के भाव लेकर

बड़े को कुछ समझा रही थी

मोबाईल से थककर जो आँखें

सो जाया करती थीं

आज वही थककर रिश्तों में

खो जाया करती थीं

सड़कों पर बिखरी ज़िन्दगी

घर में समा गई थी

अभी कल ही की बात है

ज़िन्दगी कहाँ थी

और आज कहाँ आ गई थी ।

जब एक ओर सब कुछ सामान्य सा प्रतीत हो रहा था वहीं कुछ घरों में दो वक़्त की रोटी की चिंता घर करने लगी थी । कहीं मकान मालिक का किराये के लिए तकादा तो कहीं ख़त्म होती जमा पूँजी और आँख चुराते राशन की समस्या पहाड़ की तरह नज़र आ रही थी । पूँजी पति इतने गरीब नज़र आ रहे थे कि सालों की कमाई जमा पूँजी और अकूट संपत्ति के बावजूद अपने कर्मचारियों को पूरी तनख़्वाह भी नहीं दे पा रहे थे । कई मज़दूर अपनी नौकरी गवाँ चुके थे और घर की ओर तपती धुप में नंगे पैर चलकर जाने को मजबूर थे ।

मिश्रा बी डी

महल अनगिनत खड़े कर दिए
लौह देह की, जिसने गलाकर
छाँव सुख की कण – कण बुन दी
धुप में चमड़ी अपनी जलाकर
उसके तप का, हे क्रूर विधाता !
क्या तूने ये वर दिया है
पाँव के छाले आँखों में देकर
फिर उसको चलता कर दिया है ।

मौत यक़ीनी नज़र आ रही थी, कोरोना से अधिक भूख का डर सता रहा था । जिन मज़दूरों ने शहर को ज़िन्दगी दी थी, जिनकी बदौलत पूंजीपतियों ने अकूट संपत्ति इकट्ठी की थी वही शहर और शहर के लोगों के लिए अजनबी बन चुके थे । ऊँचे घरों की दीवारें सड़कों और फुटपाथों पर रेंगती ज़िन्दगी को देख ही नहीं पा रही थीं ।

सलीम का कोई घर नहीं था । कहाँ जाता । बच्चों की बेबस आँखें उसे मानों कोस रही थीं । सारी बंदिशों के बावजूद वह हिम्मत जुटा कर रेहड़ी पर सब्ज़ी रख बेचने के लिए निकल पड़ा था । मोहल्ले में हर सब्ज़ी बेचनेवाले पर नज़र रखी जा रही थी और सबको संदेह की नज़र से देखा जाने लगा था । कुछ को अनुमति मिल गई थी और कुछ बिना अनुमति के ज़िंदगी दांव पर लगा कर सब्ज़ी बेचने निकल पड़े थे । भूख का डर मौत के डर पर हावी हो गया था ।

नन्हे के घर के आगे

कुछ शोर सा आ रहा था

एक सब्ज़ी बेचनेवाले पर

नन्हे का मकान मालिक

धौंस जमा रहा था

वह गरीब बेचारा, गिड़गिड़ा रहा था

समाज की भूखी आँखें

एहसासों को चबा गई थीं

सलीम की पहचान, सलीम की

रोटी ही खा गई थी

दोबारा न आने के वादे पर

वह खुद को बचाकर आया था

कुछ कमाने की उम्मीद

फिर गँवाकर आया था

ठेले पर सजी सब्ज़ियाँ

जीवन का बिखराव बता रही थी

बीवी की आँखों से टपकती

बच्चे की भूख दिखा रही थी

प्यास से सूखे होंठ थे

और आँखें डबडबा गईं थीं

अभी कल ही की बात है

ज़िन्दगी कहाँ थी

और आज, कहाँ आ गई थी ।

मोहल्ले में खलने वाली शांति छाई थी । हर घर में एक दर्द का शोर था लेकिन अंदर का शोर बाहर नहीं आ पा रहा था । सरकारी स्कीमें सुनने को जितनी लुभावनी थी उतनी ही सपनों की तरह थी । टीवी पर नज़र आनेवाली घोषणाएं आंकड़ों में तो नज़र आ रही थी लेकिन धरातल पर कई ज़िंदगियाँ उनसे अछूती थीं । वादों की राजनीति सपनों को छल रही थीं । नन्हे के पड़ोस में भी यही कुछ मंज़र था ।

पड़ोस के अंकल की आँखें, आज

सूजी हुईं थीं

नन्हे की आंटी भी आज

कुछ बुझी हुई थी

दोनों को घर का किराया

बढ़ता ख़र्च, सता रहा था

और किराने वाला भी

बकाया बता रहा था

बच्चों की नादान फ़रमाइशें

बढ़ती जा रहीं थीं

और, वेतन की गुंजाइश

नज़र नहीं आ रही थी

घर का टी वी भी, कुछ दिनों से

जीने का जादू सिखा रहा था

दिए जलाओ, थाली बजाओ

कुछ यूँ नुस्खा बता रहा था

सरकारी स्कीमें, महलों को लुभा रही थीं

पेट से झाँकती अँतड़ियों को

चाँद में रोटी दिखा रही थी

मन की बात फिर

प्लेट में नए वादे सजा रही थी

वक़्त की मजबूरियाँ, ज़िन्दगी में

नए पैबंद लगा रही थी

अंकल की बेबस आँखें

आंटी की उदास आँखों को, फिर,

कुछ समझा गईं थीं

अभी कल ही की बात है,

ज़िन्दगी कहाँ थी, और आज

कहाँ आ गई थी ।

नन्हे के घर भी ज़िन्दगी अपनी दिशा तलाश रही थी । सबको सब कुछ सामान्य होने की आस रोज़ नई सुबह की उम्मीद बाँध देती और शाम को दिलासा देकर सुला देती । रोज़ का यही आलम था । सबने अपनी तरह से ज़िन्दगी को अपना लिया था लेकिन वक़्त कल क्या करवट लेगा ये कोई नहीं जानता था ।

सदियों से खामोश इस घर का शोर
मोहल्ले की आंखों में समा गया था
हौंसला इस घर का
कायम था, मगर ज़रा घबरा गया था
नन्हे की बाट देखती नज़र
थक कर झुक गई थी
माँ आज अस्पताल में ही रुक गई थी
ज़िन्दगी अपने क़िरदार से परीशां
एक मायूसी में समा गई थी
अभी कल ही की बात है
ज़िन्दगी कहाँ थी
और आज कहाँ आ गई थी ।

नन्हा, भी आज गंभीर था
मासूम सी आँखें, मानो
पेचीदा ज़िन्दगी को समझने की
कोशिश में हो
बड़ा, बेजान किताबों में गड़ा था
ज़िन्दगी से, उसका
वास्ता ही कहाँ पड़ा था
छोटी आज फिर
रसोई में आ गई थी
अस्पताल से नहीं लौटेगी,
माँ, बता गई थी

बाप भी, मजबूरी में सही

ज़िन्दगी, भाँप गया था

झाड़ू पोंछा हाथ में था,

तख़्त को वह भी त्याग गया था

आज मोहल्ला भी

खिड़की से दूर था

मकान मालिक भी चुप था

मजबूर था

ज़िन्दगी जैसे, सबको

कुछ समझा गई थी

दिखावे को सही, लगता था

पटरी पर आ गई थी ।

ज़िन्दगी, कैद में भी अपने आपको सामान्य करने की कोशिश में लगी थी । रिश्तों में नए समीकरण बन रहे थे कि फिर वक़्त ने करवट ली, एक नई सुबह होने को थी । धीरे - धीरे सब कुछ सामान्य करने का प्रयत्न किया जा रहा था । हवाई उड़ाने शुरू हो चुकी थीं, कई जगह प्रतीत हो रहा था जैसे ज़िन्दगी अपने पुराने ढर्रे पर लौट रही थी । नकाब ओढ़े डरे सहमे से चेहरे खुली हवा में सांस लेने निकल पड़े थे । जून की गर्मी भी मन को ठंडक दे रही थी मगर, स्कूल अब भी नहीं खुले थे ।

उम्र का गणित जैसे

कहीं खो गया था

इन दो महीनों में, नन्हा

जवां हो गया था

बाप की उम्र मानो

घटती जा रही थी

नन्हे से उसकी दोस्ती, सब बता रही थी

वक़्त, बड़े को, किताबों में

उलझा रहा था

वह उम्र के पेचीदा समीकरण

सुलझा रहा था

छोटी फोन रखकर, मुस्कुरा रही थी

माँ आज अस्पताल से
घर आ रही थी
दहलीज़ के दीये की रोशनी को, नन्हा
आँखों में समा रहा था
बाप, कैलेंडर देखकर
दीये की,
उम्र का हिसाब लगा रहा था
खोखली मुस्कुराहटें, फिर
नमी पा गई थीं
अभी कल ही की बात है,
ज़िन्दगी कहाँ थी, और आज
कहाँ आ गई थी ।

अगस्त २०२० ज़िन्दगी को नई दिशा देने में लगा था । धीरे सब कुछ सामान्य होने लगा था । मोहल्ले की गलियाँ भी, धीरे - धीरे मासूम खिखिलाहटों से गूंजने लगी थीं । जिम, रेस्त्रां, सिनेमा आदि सब बारी - बारी से खुलने लगे थे । सड़कें फिर रफ़्तार पकड़ रही थीं । पंछियों की चहचहाट पर गाड़ियों का शोर फिर हावी होने लगा था । कैद में ज़िन्दगी ने नई हिम्मत दे दी थी। डर भी था और उम्मीद भी । स्कूल अब भी नहीं खुले थे ।

माँ, नन्हे को

पढ़ाई के लिए, डाँट रही थी

छुटकी, हमेशा की तरह

सारे घर को मुस्कुराहट, बाँट रही थी

बाप, आधी तनख़्वाह में

सारा दिन, हड्डियाँ गलाकर

थककर लौटा था, पर मुस्कुराकर

गलियों की सूनी शामें, फिर

बच्चों के शोर से, खिलखिला रही थीं

धीरे धीरे सही, लगता था

ज़िन्दगी, पटरी पर आ रही थी

एक डर, सहजता से

आँखों से रिश्ता बना गया था

वक़्त जैसा भी हो, पर

जीना सीखा गया था ।

सितम्बर का महीना, बड़के और छुटकी के लिए ही नहीं, मानो सारे परिवार के लिए पर्व की तरह था । स्कूल से कतराने वाले बड़के को भी यह खबर सुहा रही थी । छुटकी तो खबर सुनकर ही फूली नहीं समा रही थी । अब उसे किचन में काम नहीं करना पड़ेगा । स्कूल खुल गए थे मगर, नन्हे के भाग्य में अभी और इन्तिज़ार करना लिखा था । नन्हा फिर भी खुश था, वह जानता था कि अब वह बेरोकटोक गली में घूम सकेगा, अपने दोस्तों के साथ बात कर सकेगा, बड़के और छुटकी के टिफ़िन के लिए बननेवाले नित नए व्यंजन अब उसे दोबारा चखने मिलेंगे। परिवार को बच्चों की पढाई की चिंता कुछ महीनों से खाए जा रही थी । यह खबर सुनकर छुटकी की माँ भी खुश थी।

हिम्मत भी थी, उम्मीद भी
पर कैसे कह दें डर नहीं लगता था
और फिर सहमे सहमे चेहरों से
घर भी तो, घर नहीं लगता था
माँ, मगर अस्पताल से
अब समय से घर आ रही थी
स्कूल शुरू हो गए थे
छुटकी भी मुस्कुरा रही थी
नन्हा फिर गली में इतराने लगा था
बाप फिर काम पर जाने लगा था
ऐसा लग रहा था अब सब सहज हो जाएगा
क्या पता था, वक़्त
फिर उसी मोड़ पर ले आएगा ।

सतही तौर पर सब कुछ सामान्य होने तो लगा था लेकिन, हर मन में अब भी एक डर सा बना हुआ था । मन विश्वास तो करना चाहता था कि जिस विनाशकारी त्रासदी को दुनिया ने २०२० में देखा था उसका अब २०२१ फरवरी आते - आते अंत समय आ चुका था मगर संदेह से मन उबर नहीं पा रहा था । समाचार चैनल अब भी डरा रहे थे । हर आँख में एक संदेह भरी ख़ुशी दिखाई देती थी । गत १० महीनो में जो कुछ दुनिया ने देखा था वह अविश्वसनीय था और मानव जाती के जीवन के प्रति विश्वास को सदा के लिए आहत कर गया था । कोई नहीं जानता था कि मन इस सब से कब और कैसे उबर पाएगा । अपितु १६ जनवरी २०२१ को सरकार द्वारा कोरोना के रोकथाम हेतु टीकाकरण की शुरुआत कर दी गयी थी जो कि अपने आप में देश के लिए एक सर्वोत्तम वैज्ञानिक उलब्धि थी, मगर सबका विश्वास इस कदर डगमगा गया था कि हर बात को संदेह और अविश्वास कि दृष्टि से देखा जा रहा था । वहीं दोबारा मार्च में कोरोना की दूसरी लहर की आहट ने हर घर को सचेत कर दिया था । एक नयी किरण की तलाश में निकली आँखों में फिर सवाल घिर आए थे। नन्हा, जिसे लग रहा था कि अब उसे भी स्कूल जाने मिलेगा, उसकी आँखों में भी यह चिंता साफ़ झलक रही थी ।

नन्हा, सुबह से बैठा

टी वी को ताक रहा था,

एक ज्योतिषी जैसे

वर्तमान की खिड़की से

मानो भविष्य में झाँक रहा था ।

माँ अस्पताल जाने के लिए निकली
तो रोक कर, पूछ बैठा...
माँ ! क्या स्कूल इस साल भी...?
माँ ने, उसके गालों को
हाथों से सहलाया और,
और प्यार से मुस्कुराई
मगर आज, एक अनकही पीड़ा
इस मुस्कुराहट में उभर आई ।

माँ की आँखों का दर्द
बहुत कुछ जता गया था
नन्हा, माँ की खामोशी में
अपना जवाब पा गया था ।
इस एक साल में, खामोशियाँ
बहुत कुछ सीखा गई थीं
कल ज़िन्दगी जहाँ थी
आज फिर वहीं आ गई थी ।

समय विकराल रूप धारण कर रहा था । पहले तूफ़ान से अभी देश सम्हल भी न पाया था कि दोबारा एक भयंकर आँधी ने दस्तक दे दी । सब कुछ अप्रत्याशित था । देश इस विनाश के लिए तैयार नहीं था । अस्पतालों में व्यवस्था चरमराने लगी । कोई नहीं समझ पा रहा था कि जो हो रहा था वह क्या था । रास्तों पर दम तोड़ती ज़िंदगियाँ इस विपत्ति के विकराल रूप की गवाही दे रही थीं । दोबारा २५ मार्च २०२१ को लॉक डाउन घोषित कर दिया गया ।

बीते वर्ष की पीड़ा

जब लगा, खत्म होने आई थी

माँ, आज फिर अस्पताल से

लौट नही पाई थी ।

समय, फिर विकराल हो रहा था

स्कूल बंद हो गए थे

नन्हा, फिर रो रहा था ।

छुटकी इस एक साल में,

कई वर्ष बड़ी हो गई थी,

घर की बेटी, घर के लिए

माँ बनकर खड़ी हो गई थी ।

पिता को भी, सबकी आँखें

जीना सीखा गई थीं,

कल ज़िन्दगी जहाँ थी

आज, फिर वहीं आ गई थी ।

आस्था और विश्वास सड़कों पर दम तोड़ रहे थे । कोरोना की दूसरी लहर की इस आँधी ने हर घर की हिम्मत को इस तरह तोड़ दिया था जैसे कि कोई कच्चा घर तेज़ तूफ़ान में तिनको की तरह बिखर जाता है । आहिस्ता - आहिस्ता रफ़्तार पकड़ती सड़कें फिर सूनी हो गयी थीं । दिन रात सड़कों पर दौड़ती एम्बुलेंस कि आवाज़ रातों की नींद उड़ा ले गयी थी । बड़े से बड़े ऑपरेशन के समय भी न कापने वाले डॉक्टर और नर्स की आँखें तक थर्रा गयी थीं । श्मशान, जहां मौत सुकून पाने आती थीं, आज मौत के तांडव के आगे बेबस नज़र आ रहे थे । नन्हे की माँ तो नर्स थी, वह इस घडी घर पर कैसे चैन से रह सकती थी । वह जैसे ही घर से निकलती, घर वालों को उसके लौटने तक एक निवाला हलक़ से नीचे न उतरता ।

माँ का अस्पताल में रुकना कोई नई बात नहीं थी । परिवार भी अब इस बात को भांप गया था और अपने आप को इस बात के लिए तैयार कर चुका था । लेकिन इस बार बात कुछ अलग थी। सब कुछ सहज लगते हुए भी एक असहजता सबकी आँखों में थी । माँ का अस्पताल से रोज़ एक फ़ोन आना एक ऐसा नियम था जिसे छुटकी की माँ ने हर स्थिति में बनाये रखा था । माँ का एक फ़ोन परिवार को नई हिम्मत दे जाता । हर फ़ोन के साथ छुटकी, और ज़िम्मेदार बन जाती । बड़का, और समझदार पेश आने लगता । नन्हा, सब ठीक है यह सोचकर मुस्कुराने लगता । सबकी आँखें छुटकी के पिता को भी एक नई ऊर्जा दे जातीं । लेकिन आनेवाले समय से सब अनजान थे । नन्हे का घर किस भंवर की ज़द में आनेवाला था ये कोई नहीं जानता था ।

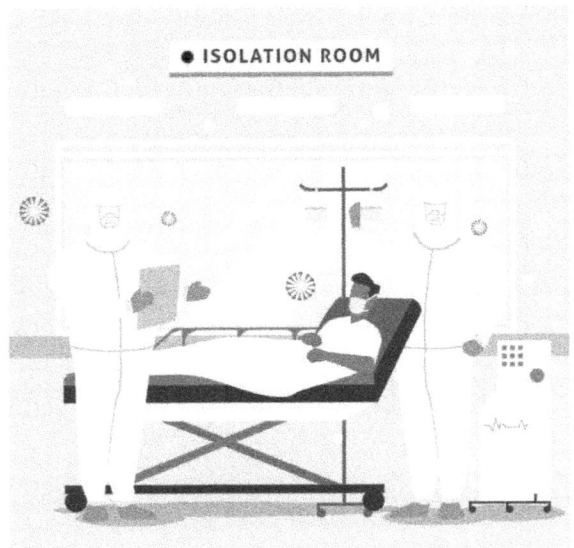

करीने से चलती ज़िन्दगी, लगता था

कुछ छुपा रही थी

सँवरे परदों के बीच छुपी सिलवटें

नज़र आ रही थी

पड़ोस की चाची छुटकी को कुछ समझा गई थी

छुटकी, पढ़ना छोड़ कर रसोई में आ गई थी

वह जानती थी उसे समझाने

नन्हे को बहलाने

अस्पताल से रोज़ एक फ़ोन

माँ की दिनचर्या बन चुकी थी

यूँ तो कई बार रुकती थी

मगर बिना फ़ोन किये

माँ, अस्पताल में इस तरह

कभी नहीं रुकी थी

सब कुछ सहज जताने की कोशिश में

सबकी आँखों में, एक अजीब सी

असहजता समा गई थी

अभी कल ही की बात है, ज़िन्दगी कहाँ थी

और आज, कहाँ आ गई थी ।

ज़िन्दगी, सच्चाई और राजनीति में हमेशा से विरोधाभाष रहा है। अप्रैल २०२१, सड़कों पर मौत का तांडव चल रहा था और देश के दो राज्यों में चुनाव की तैयारियाँ। आश्चर्यजनक रूप से, जिन राज्यों, बंगाल और उत्तर प्रदेश में चुनाव की तैयारियाँ चल रही थीं, वहाँ कोरोना का दुष्प्रभाव नज़र नहीं आ रहा था। आंकड़े सच्चाई को झुठलाने में व्यस्त थे। मिडिया को भी शायद अब मौत की ख़बरों से अधिक चुनावी समाचार में फ़ायदा दिखाई देने लगा था। अस्पताल जहाँ एक और मौत से जूझ रहे थे, वहीं सरकारी तंत्र नेताओं की सेवा में अपने आप को धन्य समझने में लगा था।

जनता की लाचारी को
लूटने का, तंत्र बनाया जा रहा था
लोकतंत्र के नाम पर लोकतंत्र की
हत्या का षड्यंत्र बनाया जा रहा था
साँसों की लाशों को
अवसरवादी गिद्ध नोचने में लगे थे
और नेता
बंगाल के चुनाव पर सोचने में लगे थे

सिस्टम, लाचार, तिल तिल कर,

रोज़ मर रहा था

और तंत्र, आश्वासनों और आंकड़ों के

कफ़न तैयार कर रहा था

हर कोई

खोखले वादों पर इतराता रह गया

झूठ के सौंदर्य पर

सच से देश कतराता रह गया

अपनों ही की लाशों पर

पाँव रख हम और कितने ऊँचे जाएँगे ?

कोई बताएगा, इस देश मे

पत्थर भला कब तक पूजे जाएँगे ?

चुनावी रैलियाँ,

हक़ीक़त को छुपा रहीं थीं

नेता की बातें

विज्ञान को झूठला रहीं थीं

सत्ता का स्वार्थ

ज़िन्दगी पर भारी पड़ गया था

बाजारवाद, यथार्थवाद को

अंगूठा दिखाने पर अड़ गया था

जर्जर मन में आशंकाएँ

फिर छटपटा रहीं थीं

गाँव की मासूमियत, शहर से

नंगे पैर, फिर घर जा रही थीं ।

तूफ़ान बाकी था, हवाएँ बता गई थी

ज़िन्दगी, कल जहाँ थी

आज फिर वहीं आ गई थी ।

लोकतंत्र का 'लोक' मर रहा है

कोई पूछेगा

तंत्र क्या कर रहा है ?

तू – तू, मैं – मैं के खेल में

शासन राजनीतिक रोटियाँ सेंक रहा है

केंद्र, राज्य पर, और राज्य केंद्र पर

ज़िम्मेदारी की लाठी फेंक रहा है

संवेदनहीनता, झूठ और खोखले वादों से

देश बरसों से सड़ रहा है

कोई पूछेगा

तंत्र क्या कर रहा है ?
देश की जान से ज़्यादा ज़रूरी
इस देश में चुनाव हो गया है
जनतंत्र में 'जन' का
हाय! कितना कम भाव हो गया है
साँसों को तरसती ज़िन्दगी पर
वो फिर आंकड़ों का कफ़न रख रहा है
कोई पूछेगा, तंत्र क्या कर रहा है ??

१८ अप्रैल २०२१, बंगाल में चुनावी रैलियां ज़ोरों पर थीं। देश के कर्णधार, जिनके हाथों में लोगों ने अपना जीवन सौंपा था, वे चुनावी रैली में जुटी भीड़ पर इतरा रहे थे। चुनाव की अवसरवादी सोच कोरोना से होती मौतों को कहीं छुपा आई थीं। दो दिन बाद २० अप्रैल को वही राजनीति, दिल्ली से, टीवी पर कोरोना की विभीषिका पर आँसूं बहाते हुए दिखाई देनेवाली थी। समय भी इस राजनीतिक सोच के आगे विवश था और मूक दर्शक बन सब देख रहा था।

हक़ीक़त बतानेवाले रास्तों के

मुँह मोड़े जाएँगे

आज रात टीवी पर, 8:45 पर

कुछ रंगीन गुब्बारे छोड़े जाएँगे

कुछ आश्वासन से, कुछ दिलासा से

कुछ नारों से भरे होंगे

देखना, उसमे

खुद की पीठ थपथपानेवाले

कुछ चटकीले हरे होंगे

ज़िंदगी का नया नुस्खा बताया जाएगा

आज फिर कोई झुनझुना थमाया जाएगा

सिस्टम की लाचारी से

बेमौत देश मरा होगा

और देखना देश का पहरेदार

गर्व से भरा होगा ।

प्रवचन ख़त्म
होते ही
मीडिया में
जयकारा लगाया जाएगा
और
फिर धुंधले आश्वासनों को
दिव्यवाणी बताया जाएगा
चापलूसों की फ़ौज
मंजीरे बजाने लगेगी
और कुछ खिड़कियाँ
भजन भी गाने लगेगी

कब तक, आखिर कब तक
अच्छे दिन के मैले पानी से
मासूम जनता को गूँथा जाएगा
जाने कब तक, इस देश में
पत्थरों को पूजा जाएगा ।

देश का एक लंबा राजनीतिक इतिहास रहा है । शायद लोग भी इतने वर्षों में इसके अभ्यस्त हो चले हैं । एक वोट के बदले हमें एक झुनझुना थमा दिया जाता है और हम उसी को बजाते हुए पाँच साल बिता देते हैं । बड़े वादों के लिफाफों को जब खोल कर देखते हैं, तो उसमें से छोटी - छोटी रंग - बिरंगी तितलियाँ बाहर आ जाती हैं और हम उन्हीं में खुश हो जाते हैं । जनता का भोलापन चुनावी शतरंज की भेंट चढ़ जाता है । सरकारी तंत्र, अपनी अकर्मण्यता को छुपाने के लिए अपनी कार्यशैली की पीठ थपथपाते रोज़ नए आंकड़े लेकर आ जाता, और फिर कड़वी सच्चाई को छुपाने कोई रेडियो पर मन की बात कर चाशनी चढ़ा जाता । सब अपनी मन की बात कर जाते, मगर उस मन को कौन समझता जो अस्पतालों के आगे अपने दम तोड़ते रिश्तेदार के लिए एक बेड भी जुटाने में असमर्थ था ।

क्या मोल है जनता के मन की पीड़ा का

क्यों तेरे मेरे अंतर्मन की बात होगी?

अब इस देश में

सिर्फ़ व्यक्ति विशेष के मन की बात होगी ।

आज फिर सच को

सिरे से नकारा जाएगा

आज फिर झूठे सिक्कों के
चलन की बात होगी ।
फिर कहीं किसी श्मशान में
कोई लाश, सम्मान को तरस रही होगी
ज़िन्दगी, अस्पतालों में फ़र्श पर
जीने को तड़प रही होगी
और आज फिर वही, रेडियो पर
खोखली सांत्वना
ज़ख्मों पर नमक बन बरस रही होगी

कब सार्थक कदमों की आहट को तरसती

किसी पिता की लाचारी, माँ की बेबसी

कमरे में कैद

मासूम बचपन की बात होगी ?

क्या अब इस देश में सिर्फ़

व्यक्ति विशेष के मन की बात होगी ?

नन्हे के पिता ने भी मन की बात सुनी थी । मगर वह रेडियो था, जो अपने मन की बात तो कर जाता, मगर सुनने वाले के मन की बात नहीं सुन सकता था । आज 40 दिन गुज़र चुके थे । बंगाल और उत्तरप्रदेश की चुनावी खबरें दिन में तो दिल बहलाए रखती थीं, लेकिन शाम होते ही घर के हर परिवार को छुटकी की माँ का ख़याल हो उठता और सबकी आँखें दरवाज़े और फ़ोन को टकटकी लगाए देखने लगती । कौन जानता था कि जिस परिवार का सदस्य कोरोना से लोगों को बचाने में जुटा था वही एक दिन उसका शिकार बन जाएगा । समय के गर्भ में क्या छुपा है ये कोई नहीं जान सकता ।

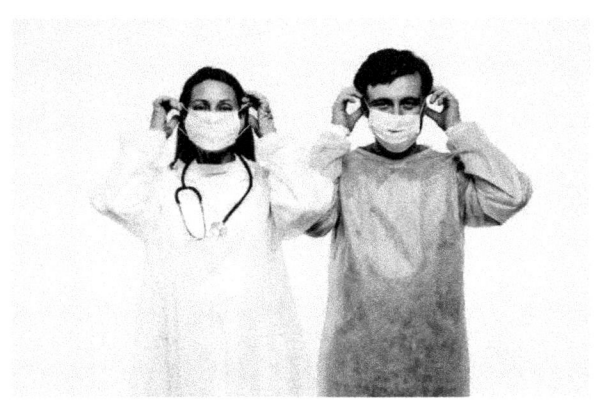

बड़का, अपनी साँसों से भी तेज़

दौड़ लगा रहा था

कभी आ रहा था, कभी जा रहा था

छुटकी, नम आंखों से

बड़े होने का फ़र्ज़ निभा रही थी

माँ आ जायेगी ! बस यही

नन्हे को समझा रही थी

और उधर

माँ जिस अस्पताल में नर्स थी

वहीं, एक अदद बेड के लिए

तरस रही थी

रिसेप्शन पर हाथ जोड़कर गिड़गिड़ाते

नन्हे के पिता की आँखें

बरस रही थीं

इंसानों के समाज में, इंसानों के बीच

इंसानों को, कितना अकेला बना गई थी

अभी कल ही की बात है

ज़िन्दगी, कहाँ थी, और आज

कहाँ आ गई थी ।

इन दो वर्षों में केवल छुटकी के परिवार का ये हाल नहीं था । मोहल्ले के हर परिवार से, हर घर से, हर दरवाज़े, हर खिड़की से एक शोर सा आता था, सिर्फ़ सुननेवाला कोई नहीं था । हर घर का शोर सड़कों की ख़ामोशी में गुम हो जाता था । कहीं ज़िन्दगी, लड़ते लड़ते हिम्मत गँवा बैठती तो कहीं आहत होती मगर जीत कर आ जाती । समय ने विश्वास को इस कदर बनते और बिगड़ते कभी नहीं देखा था ।

कभी कोई खिड़की खुली रह जाती है
तो कभी, कोई दरवाज़ा खुल जाता है
तुम, मानो या ना मानो
हर घर से एक एहसास मिल जाता है
कोई मजबूर बुढ़ापा, कोई बचपन
किसी की जवानी मिलती है
हर ख़ामोशी में एक शोर सुनाई देता है
हर शोर में ख़ामोश, एक कहानी मिलती है

जहरीली फ़िज़ाओं में, साँसें

जैसे ज़िद पर अड़ जाती हैं

और ज़िद ही तो है कि ज़िन्दगी

रोज़, मौत से लड़ जाती है

इन खिखिलाती गालियों में झांको

कभी, तो दिल दहल जाता है

तुम मानो या ना मानो

हर घर से एक एहसास मिल जाता है ।

इन सबके बीच यह भी एक सत्य था कि यह पहली बार नहीं था कि मानव जीवन विनाशलीला से लड़ रहा था । जीवन चक्र को देखें तो यह भी प्रकृति का अपना एक तरीका था जिससे वह अपने आप को संतुलित कर लेती थी । मानव जीवन भी प्रकृति के इस आँख मिचौली के खेल में सदा से शामिल रहा है और यही वजह थी कि दुनिया इस विनाशलीला के आगे झुकने को तैयार नहीं थी । मानवता अजेय थी और समस्त मानव जाती के दिन रात के जीवन को बचाने के प्रयत्न यही बात साबित करते थे । संघर्षों से इसका एक अटूट नाता था और, वास्तव में इन्हीं संघर्षों ने जीवन को सार्थकता प्रदान की थी ।

माना, सिस्टम की लाचारी

ज़िंदा लाश सी पड़ी है ।

माना, मौत बाँहें फैलाए

द्वार पर खड़ी है ।

नेता हमारे, तू – तू , मैं – मैं
खेल रहे हैं,
माना, हम वक़्त की अय्यारियाँ
झेल रहे हैं ।
मगर इस सच को भी
कोई नकार नहीं सकता
मानवता अजेय है
हे मानव ! तू इस तरह
हार नहीं सकता ।
निराशा का ये दौर, देखना
देखते देखते गुज़र जाएगा
और इस आपदा के विरोध का बीज
इसी के गर्भ से निकल आएगा ।

www.ingramcontent.com/pod-product-compliance
Lightning Source LLC
LaVergne TN
LVHW061559070526
838199LV00077B/7111
* 9 7 8 9 3 5 6 2 1 8 4 4 4 *